## Liebe Kinder!

Wie ist es bei euch, wenn ihr vor dem Fernseher sitzt und einen spannenden Film oder einen sportlichen Wettkampf seht, lasst ihr euch da so leicht ablenken? Doch wohl kaum.

Wie ist es aber, wenn die Mutti euch bittet, ihr im Haushalt zu helfen oder eure Hausaufgaben selbstständig anzufertigen, oder wenn die Lehrerin (der Lehrer) in der Schule von euch die Erledigung einer Übung (Aufgabe) verlangt? Seid ihr da auch so aufmerksam und erledigt alle Aufgaben schnell und zuverlässig? Oder braucht ihr da schon mal Ermahnungen wie: »Träume nicht!«, »Nimm deine Gedanken zusammen!«, »Konzentriere dich auf deine Aufgabe!«?

Wisst ihr, was aufpassen und konzentrieren bedeutet?

Es bedeutet, dass man all seine Gedanken und Bemühungen auf ein bestimmtes Thema lenkt oder auf eine bestimmte Aufgabe, die man besonders gut erledigen will (soll). Dieses Aufpassen ist besonders in der Schule wichtig, um zu lernen.

Aber auch beim Spielen mit Freunden, bei Freizeitaktivitäten ist es wichtig, dass man sich auf die anderen einstellt, Regeln beachtet und durchhält, bis das Begonnene zu Ende geführt ist.

Es gibt Kinder, die mit dem Aufpassen (Konzentrieren) so ihre Probleme haben. Aber Aufpassen und Konzentrieren kann man erlernen und trainieren (üben). Ihr könnt es auch.

So wie ein Sportler regelmäßig trainieren muss, um in guter Form zu sein, so sollt auch ihr mit Hilfe dieses Trainings-Programms lernen, eure Fähigkeiten zur Lösung von Aufgaben gut zu nutzen. Eure Trainerin oder euer Trainer wird euch dabei helfen. So werdet ihr Fehler vermeiden und damit mehr Freude haben.

Ich wünsche euch viel Spaß und Erfolg mit diesem Konzentrationstrainings-Programm.

*Christine Ettrich*

# 1. Tag

Aufgabe A: Ordnen nach der Länge
Aufgabe B: Ordnen nach den 4 Grundfarben

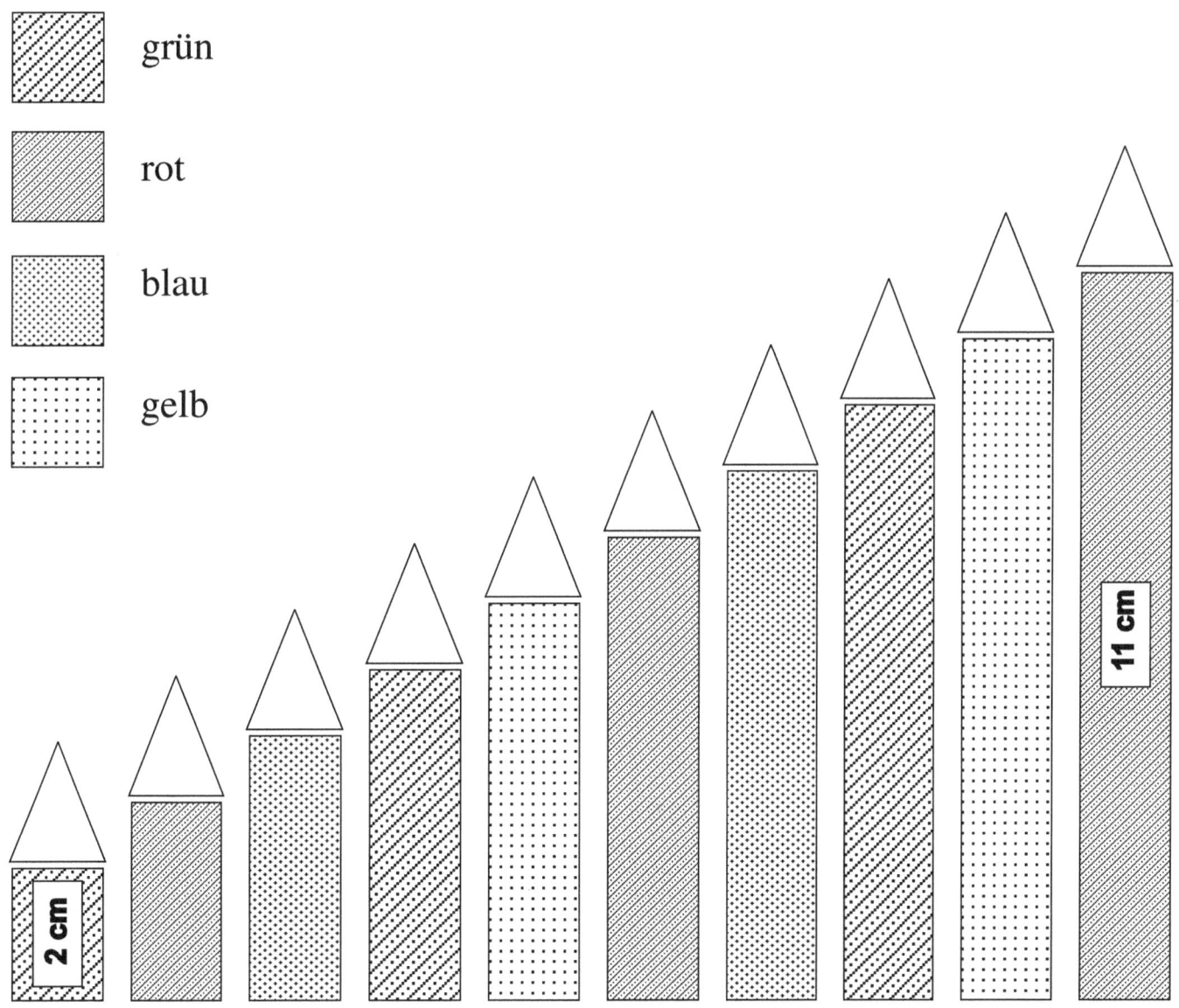

Aufgabe C:  Suche auf dem Arbeitsblatt alle Früchte und male sie aus.

# 2. Tag

Aufgabe A:   Suche die Wohnungen der Tiere!

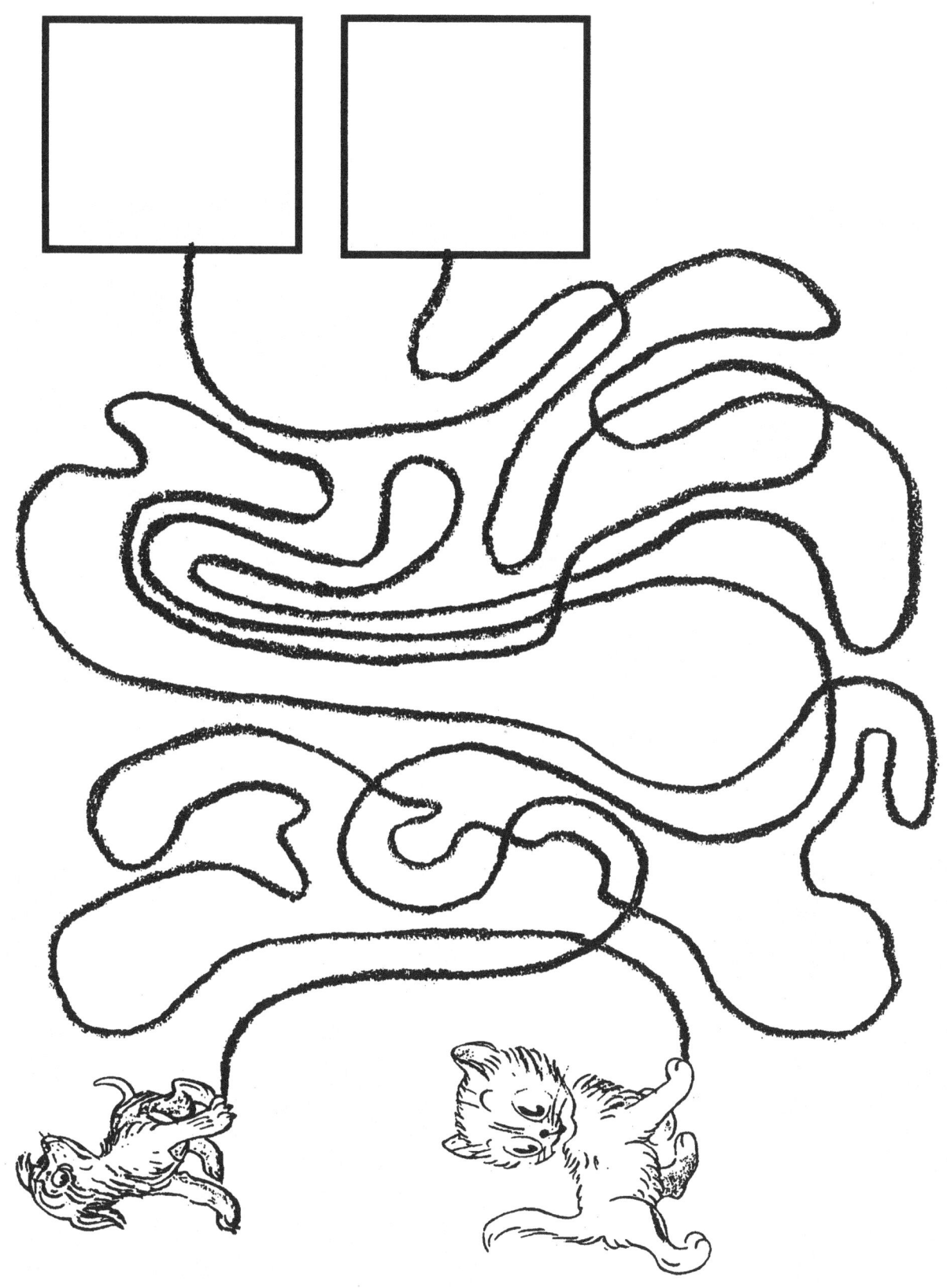

Aufgabe B: Stecken eines vorgegebenen Musters
Aufgabe C: Stecken eines selbst ausgedachten Musters

# 3. Tag

Aufgabe A:   Versteckte Tiere

Aufgabe B:    Ausmalen einer Schultüte

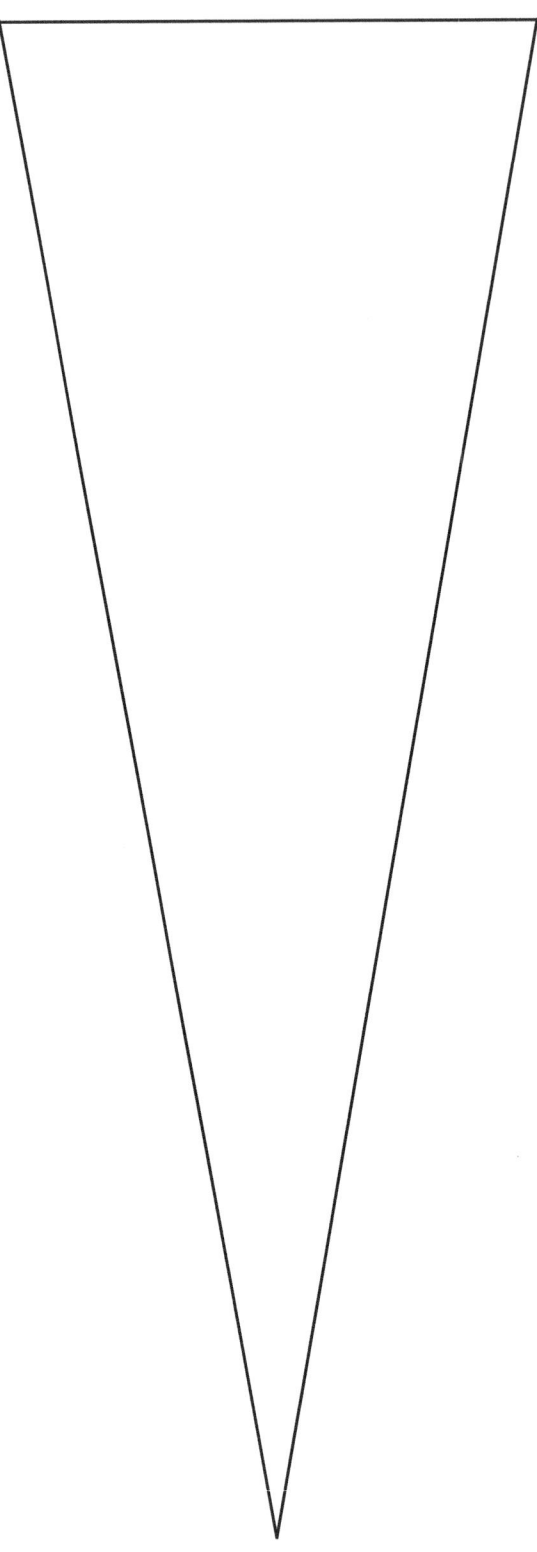

Aufgabe B:    Ausmalen einer Schultüte

# 4. Tag

Aufgabe B: Differenzieren und Markieren von geometrischen Figuren
Aufgabe C: Ausmalen geometrischer Figuren

# 5. Tag

Aufgabe C:   Figur vervollständigen

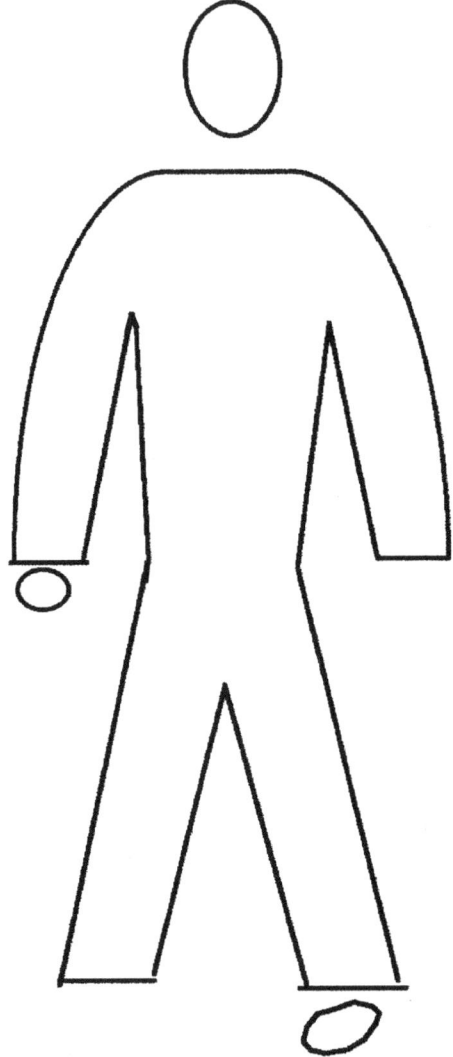

# 6. Tag

Aufgabe A: Differenzieren von Figuren

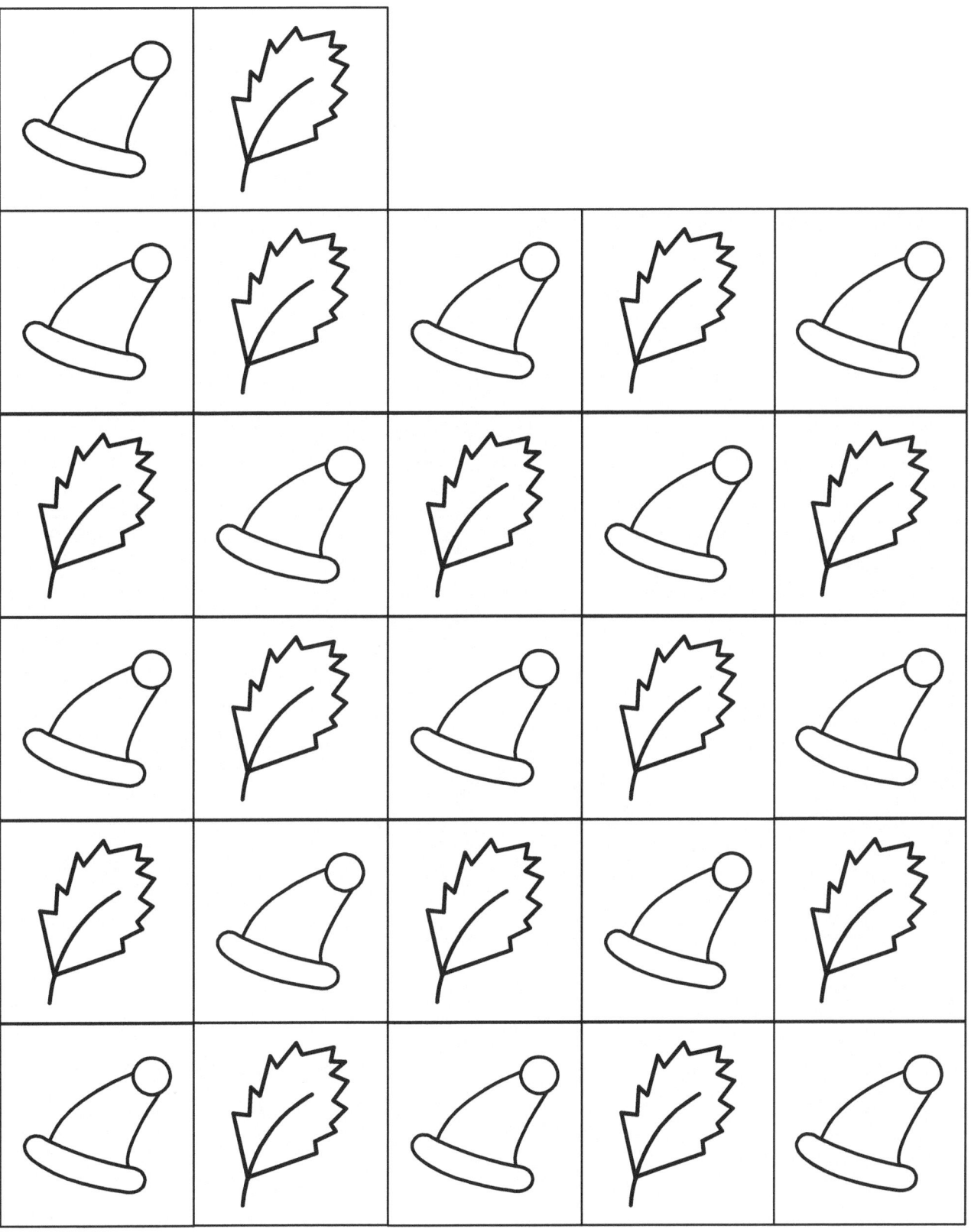

# 7. Tag

Aufgabe A: Bildvergleich

7. Tag

# 8. Tag

Aufgabe A: Vervollständigen einer begonnenen Schmuckkante

8. Tag

Aufgabe C:   Figuren differenzieren

# 9. Tag

Aufgabe C:   Ergänzen fehlender Teile

# 10. Tag

Aufgabe A:    Farbdifferenzierung

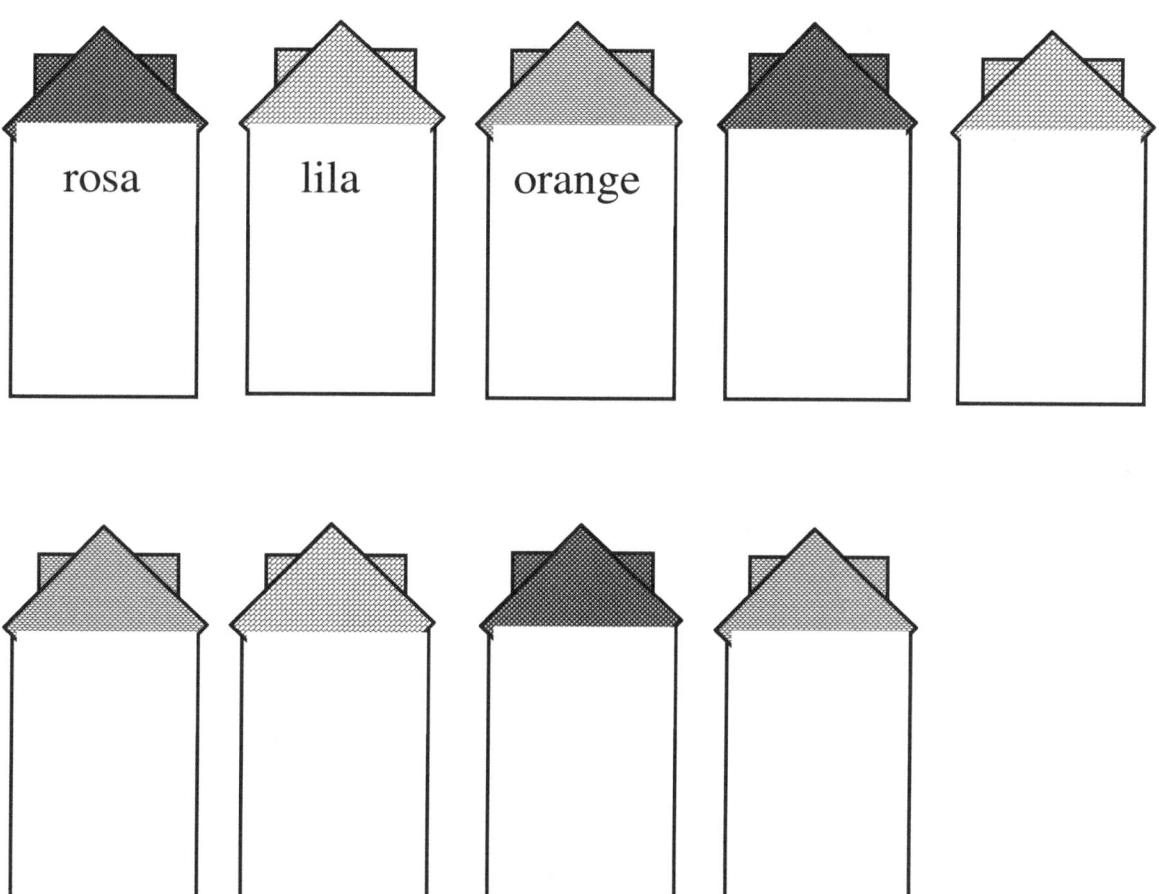

Aufgabe B: Durchstreichaufgabe

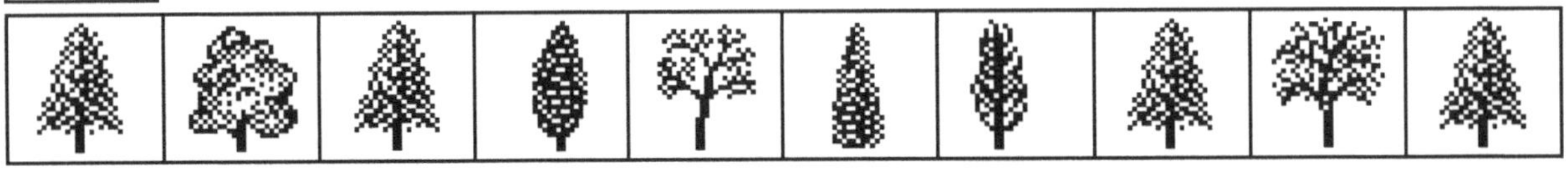

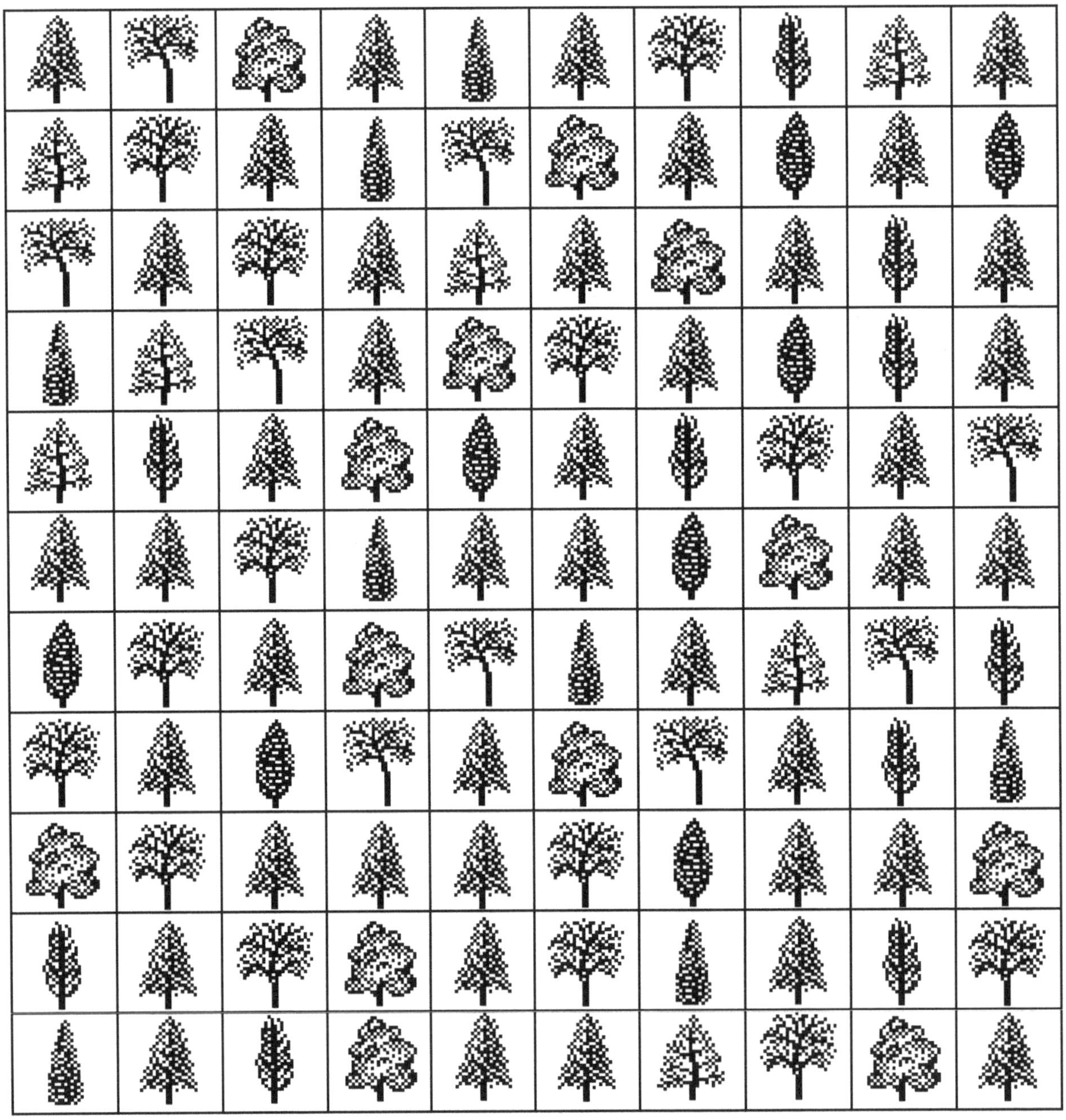

# 11. Tag

Aufgabe C: Ergänzen einer Zeichnung

## 12. Tag

Aufgabe C:   Mengenverständnis

# 13. Tag

Aufgabe B: Kennzeichnen von geometrischen Figuren

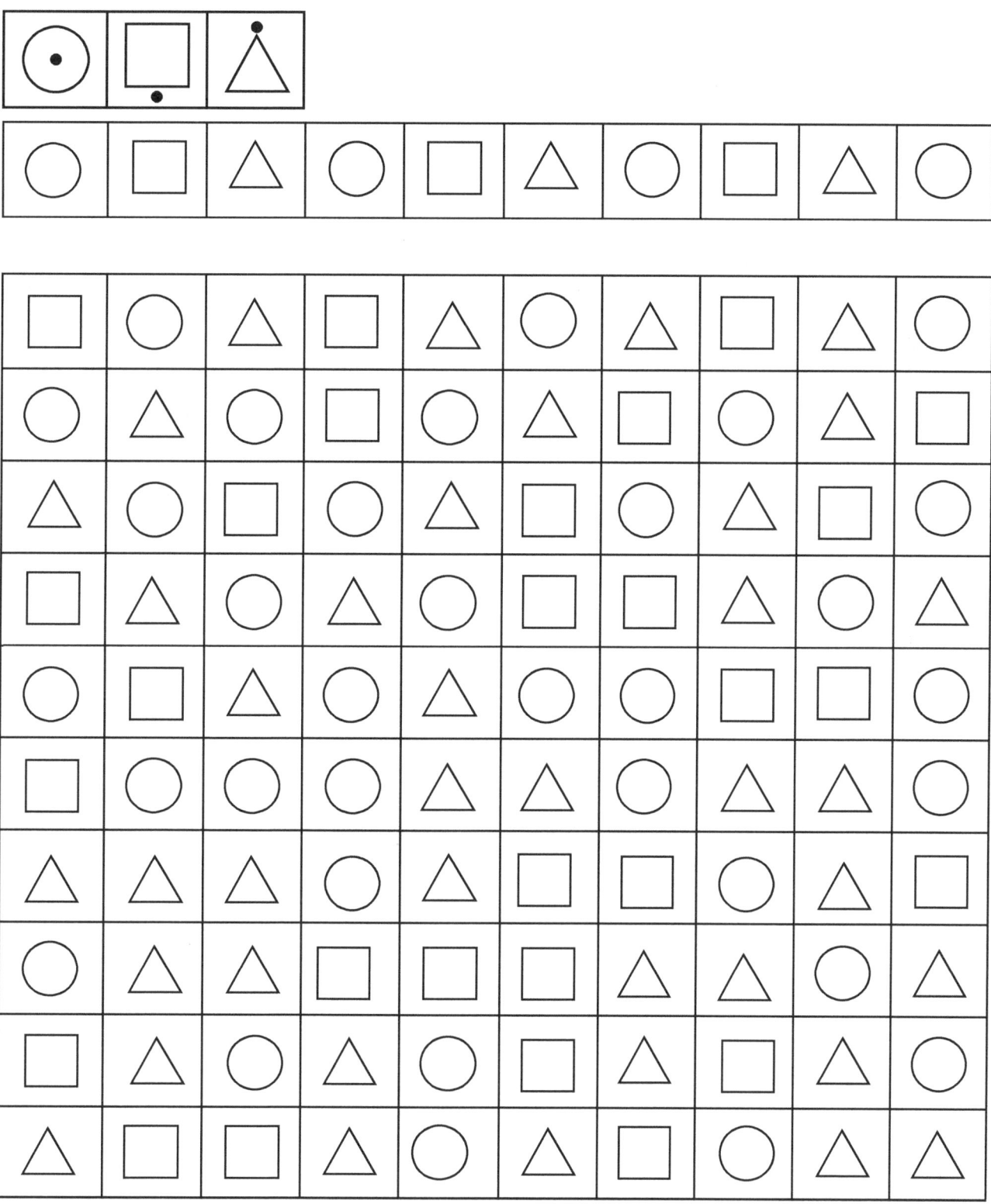

# 14. Tag

Aufgabe A: Sinnwidrigkeiten finden

# 15. Tag

Aufgabe A: Fadenlabyrinth

# 16. Tag

Aufgabe A: Differenzierungsaufgabe

# 17. Tag

Aufgabe A:   Suchbild

# 18. Tag

Aufgabe A: Labyrinth

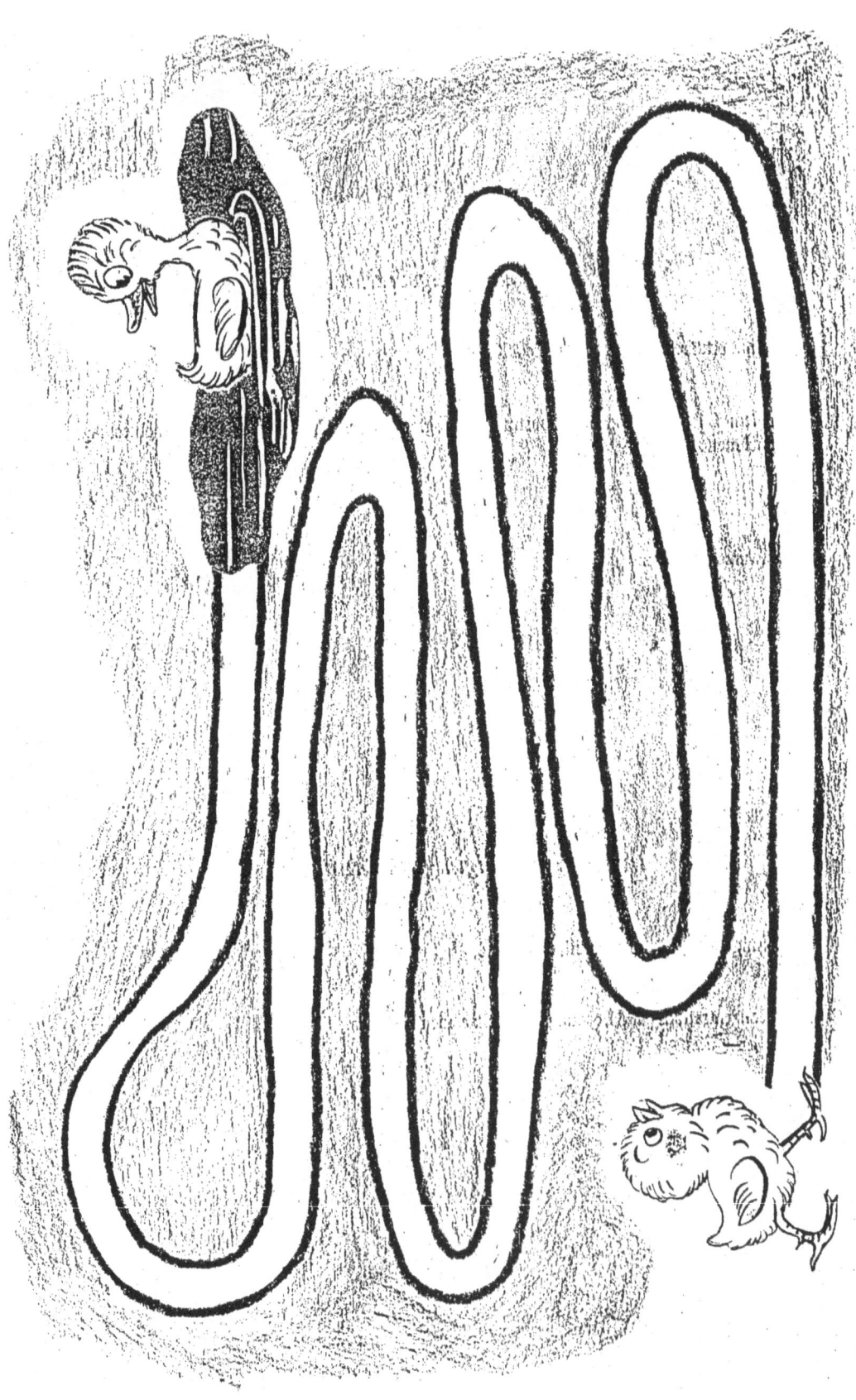

18. Tag 27

**Aufgabe B:** Zuordnungsaufgabe

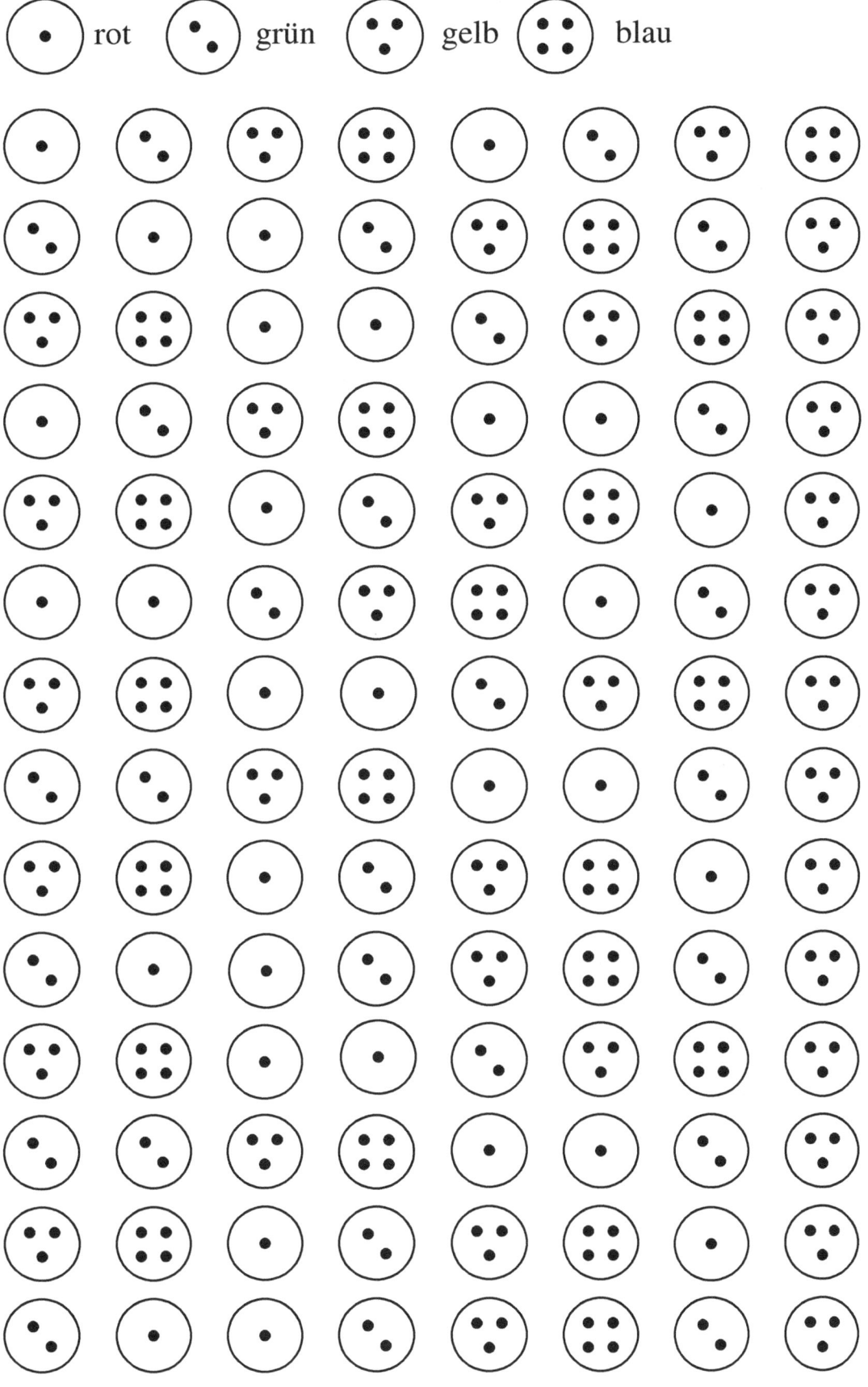

# 19. Tag

Aufgabe A:   Bild ergänzen

# Punktetabelle

|  | Aufgabe A | Aufgabe B | Aufgabe C | Summe |
|---|---|---|---|---|
| 1. Tag | (3) | (3) | (4) | (10) |
| 2. Tag | (3) | (4) | (3) | (10) |
| 3. Tag | (4) | (2) | (4) | (10) |
| 4. Tag | (2) | (4) | (4) | (10) |
| 5. Tag | (2) | (4) | (4) | (10) |
| 6. Tag | (4) | (3) | (3) | (10) |
| 7. Tag | (4) | (3) | (3) | (10) |
| 8. Tag | (4) | (3) | (3) | (10) |
| 9. Tag | (4) | (4) | (2) | (10) |
| 10. Tag | (2) | (4) | (4) | (10) |
| **Summe 1. bis 10. Tag** | **(32)** | **(34)** | **(34)** | **(100)** |
| 11. Tag | (2) | (4) | (4) | (10) |
| 12. Tag | (4) | (3) | (3) | (10) |
| 13. Tag | (4) | (3) | (3) | (10) |
| 14. Tag | (3) | (7) |  | (10) |
| 15. Tag | (3) | (7) |  | (10) |
| 16. Tag | (4) | (6) |  | (10) |
| 17. Tag | (5) | (5) |  | (10) |
| 18. Tag | (4) | (6) |  | (10) |
| 19. Tag | (4) | (6) |  | (10) |
| 20. Tag | (6) | (4) |  | (10) |
| **Summe 11. bis 20. Tag** | **(39)** | **(51)** | **(10)** | **(100)** |
|  |  |  |  |  |
| **Summe 1. bis 20. Tag** | **(71)** | **(85)** | **(44)** | **(200)** |

(In Klammern steht jeweils die Höchstpunktzahl pro Aufgabe und Tag.)

Bei Fragen zur Produktsicherheit wenden Sie sich bitte an:
If you have any questions regarding product safety, please contact:

Brill Deutschland GmbH
Robert-Bosch-Breite 10
37079 Göttingen
info@v-r.de